Editorial

Sasi «die kleine Köchin», ein kleines, weiches und seidiges Murmeltierchen, lebt in einem hübschen Dorf in den Bergen. Jeden Morgen bei Sonnenaufgang kommt das kleine Tierchen mit seiner ganzen Familie aus seinem Bau, um die ersten Sonnenstrahlen zu geniessen und ein paar Wurzeln zum Frühstück zu knabbern.

Unser kleines Naschmäulchen lehnt an einem Felsen und fängt an zu träumen: «Wie schön sind die Gletscher und die Gipfel mit ihrem ewigen Schnee…» Aber das kleine Murmeltierchen ist auch sehr neugierig und denkt plötzlich an den nächsten kleinen Imbiss. «Puuh! Ich habe die Nase voll von Kohl, Karotten und Wurzeln aus meinem Dorf! Doch was gibt es sonst noch zu knabbern?», fragt es sich.

Abenteuerlustig schnappt sich Sasi seinen Rucksack, und los geht's! Eins, zwei, drei verlässt sie Saas Fee, die «Perle der Alpen». Sie springt los und hüpft auf das erste Postauto. Mit lautem «Dü-Da-Do» windet es sich um enge Kurven und durch zahlreiche Tunnels. Sasi sträuben sich die Haare!

Irma Dütsch

Wallis

Nach der letzten scharfen Kurve taucht die erste Überraschung auf: die Walliser Obst- und Gemüsegärten mit Spargeln, Tomaten, Kartoffeln, Birnen, Aprikosen, Pflaumen, Erdbeeren, Himbeeren... «Mmh, sieht das lecker aus!», denkt Sasi bei sich, und ihr läuft das Wasser im Mund zusammen.

«Oh, was sehe ich da? Was für ein Glück: zwei Kinder in einem Salatbeet! Aber was tun sie bloss?» Vorsichtig nähert sich das kleine Murmeltier und fragt: «Wer seid ihr? Was macht ihr?»
«Ich bin Julie», antwortet das ältere der beiden Kinder, «und das ist mein Bruder Fredo. Wir pflücken schönen Salat, Gemüse und Blüten, um einen leckeren Salat zu machen. Und du? Wie heisst du?» «Ich bin Sasi.»

Bei einem köstlichen, frischen Salat werden die drei Freunde. Sasi erzählt von ihrem Traum, auszuziehen, um neue Köstlichkeiten zu finden.

Irma Dütsch   Marjolein Bos

Sasi, die kleine Köchin

und Julie & Fredo auf Schweizer Reise

WEBER AG VERLAG

www.weberverlag.ch

Bunter Salat mit Blumen — Wallis

SALATSAUCE

4 El	**Honigessig**
1 Kl	**Honig**
1 Prise	**Salz**
wenig	**weisser Pfeffer**
4 El	**warme Gemüsebrühe**
8 El	**Olivenöl**

Nach Wunsch gehackte oder mit der Schere zerkleinerte Petersilie.

1. Essig, Honig, Salz und Pfeffer mit der warmen Brühe mixen.
2. Olivenöl Löffel um Löffel mitmixen und zum Schluss die Petersilie dazugeben.

SALAT

Beispiele und Menge nach Belieben:
Verschiedene Blattsalate (Feldsalat, Kopfsalat, Schnittsalat, Herzblatt, Mischsalat, junger Löwenzahn). **Rüebli, Fenchel, Gurken** in Streifen schneiden (Stäbchen), **Datteltomaten** halbieren, **Speiseblümchen** (Stiefmütterchen, Geissenblümchen, Kapuzinerkresse). Geröstete **Pinienkerne oder andere Nüsschen, Getrocknete Früchte** (Äpfel, Birnen, Aprikosen etc.) als Garnitur. **Käsescheiben** mit dem Ausstecher (Herzform, Halbmond, Tierchen) ausstechen oder auch in Streifen schneiden.

1. Salat mundgerecht in Blätter zerkleinern, waschen, abtropfen lassen oder schwingen.
2. Locker mit den Streifen und Tomaten vermischen.
3. Auf Salatteller anrichten und mit den Blumen, Nüsschen, Früchten und dem Käse garnieren.
4. Vor dem Auftischen mit der Salatsauce reichlich beträufeln.

Greyerz

Gesagt, getan! In einem Zug verlassen die drei Freunde die Alpen und fahren in andere, grünere Gegenden.
Oh! Da kommt das schöne Greyerzerland. Hallo, ihr schwarz-weiss gefleckten Kühe! Sasi klatscht in die Hände. Julie und Fredo lachen laut! Da gibt es Milch, fetten Rahm, Käselaibe und Meringues. Ein Hochgenuss für Augen, Nase und Mund!

Sasi und ihre Freunde stehen unter dem beleuchteten Schloss mitten in dem mittelalterlichen Städtchen und sind sehr hungrig. Julie und Fredo wagen sich an ihr erstes Fondue... Käse reiben, Apfelsaft dazugeben und natürlich gut umrühren, bis der Käse geschmolzen ist. Man muss sehr gut aufpassen, aber die Mühe lohnt sich!

Welch ein Schmaus!

Käsefondue

Greyerz

ZUTATEN

150 g	**Greyerzer**
150 g	**Freiburger Vacherin**
150 g	**Emmentaler**
150 g	**Appenzeller**
3 dl	**Apfelwein ohne Alkohol**
2 Tl (gestrichen)	**Maizena mit Wasser angerührt**

ZUBEREITUNG

1. Alle Käse ohne Rinde mit der Röstiraffel reiben.
2. Apfelwein in der Fonduepfanne erwärmen, mit der Holzkelle im Achter-Rhythmus den Käse nach und nach schmelzen.
3. Ist der Käse aufgelöst, mit dem Maizenawasser unter gutem Rühren binden, d.h. langsam einlaufen lassen.
4. Mit knusprigem Weissbrot servieren. Das Brot kann man brechen oder in Würfel schneiden.
5. Das Käsefondue in der Pfanne bei kleinem Feuer auf das Rechaud stellen.

Zürich

Aber wo gibt es sonst noch etwas Gutes zu kosten?
Sasi zieht einen Zettel aus ihrem Rucksack, auf dem ein Name gekritzelt ist: Der nächste Halt ist Zürich und der Zürichsee!
Kaum kommen unsere drei Abenteurer aus dem Bahnhof, wird ihnen ganz schwindelig von dem vielen Verkehr und dem Lärm. Trotzdem sind sie ganz begeistert von der grössten Stadt der Schweiz mit ihren Glockentürmen und den zahlreichen Brücken, die über die Limmat führen! «Aber welche Sprache spricht man hier?» «Ich weiss es», ruft Sasi, «das ist Deutsch. Das sprechen die Leute auch da, wo ich herkomme».
Schnell an einen ruhigeren Ort!
Die drei Freunde springen in ein Tram, das eben mit schrillem Kreischen um die Kurve fährt und vor ihnen hält. Uff! Endlich! Je näher sie zum See kommen, desto ruhiger wird es. Am Ufer betrachten die drei Freunde die Fische, die mit ihren silbernen Schuppen vorbeischwimmen. Sie glänzen wie tausend Sonnenstrahlen.
«Lasst uns schwimmen», schlägt Fredo vor und stürzt sich sogleich Hals über Kopf ins klare Wasser. «Auf zum Fischen!», ruft Sasi und folgt Fredo mit einem Kopfsprung ins Wasser. «Wartet auf mich!», ruft Julie und greift sich ein Netz und eine Angelrute, die ein Angler am Ufer vergessen hat. «Auf zum Fischen, meine Freunde!» Sasi taucht unter und fängt drei Fische. Und ab damit in den Topf! Mmmh! Wie köstlich!

Goldene Fischfilets

Zürich

FISCHFILETS

400 g	**Fischfilets entgrätet**, in grobe Streifen schneiden (z.B. Felchen, Hecht, Äsche, Rotbarsch, Seeforelle, Kabeljau, Dorsch)
100 g	**Paniermehl** mit
50 g	**gehackten Baumnüssen** mischen
2	**Hühnereier** verquirlt
	Weissmehl
	Salz
	weisser Pfeffer
	Erdnussöl zum Backen
	Zitronenschnitz dazu servieren

1. Fischfilets würzen mit Salz und wenig Pfeffer, dann diese Streifen mit dem Mehl bestäuben, einzeln im Ei wenden und im Paniermehl mit Nuss gemischt wenden.
2. Das Panierte etwas festdrücken, damit es beim Backen nicht abfällt, restliches abschütteln.
3. Im 180°C heissen Speiseöl goldgelb backen und auf Haushaltpapier abtropfen lassen.

KRÄUTERSAUCE

180 g	**Magerquark**
2 El	**Mayonnaise**
1 Prise	**Salz**
1 Dreh an der	**Pfeffermühle (weisser Pfeffer)**
Wenig	**Zitronensaft**
1 El	**gehackte Kräuter** (Schnittlauch, Petersilie, Estragon, Maggikraut, Sauerampfer)
½ El	**klein geschnittene farbige Peperoni** als Einlage

Alles zusammen gut vermischen und zum Fisch servieren.

Bern

Wohlig-satt legen sich die drei Freunde ans Ufer und schauen den Booten zu, die vorbeiziehen. Sie träumen schon von der nächsten Etappe ... Ganz stolz zieht Sasi einen neuen Zettel aus dem Rucksack und darauf steht: Bern.

Achtung – der Bärengraben! «Schau mal, Sasi», ruft Julie, «die Bären fressen auch Karotten, so wie du!». «Oh nein», antwortet Sasi, «Ich habe Karotten satt! Gehen wir woanders hin! Aber was kann man in dieser Stadt denn essen? Vielleicht Fleischklösschen?»

«Prima», freut sich Fredo. Die drei Freunde verlassen den Bärengraben und gehen zum Bundesplatz, auf dem gerade Bio-Markt ist. «Mmh, riecht das gut!» Von den Ständen der Gemüsegärtner ziehen herrliche Düfte vorüber, die den drei Freunden in der Nase schmeicheln! Als sie mit dem Einkaufen fertig sind, heisst es: ab in die Küche!

Fleischbällchen
mit Stampfkartoffeln

Bern

BÄLLCHEN

150 g	**Geflügelgehacktes**
150 g	**Rindsgehacktes**
150 g	**Schweinsgehacktes**
100 g	**in Milch eingelegtes Weissbrot ohne Rinde**
1	**Hühnerei**
1 El	**Weissmehl**
1 El	**gehackte Petersilie**
1 Tl	**Salz**
1 Dreh mit der	**Pfeffermühle**
Etwas	**Bratbutter**

1. Alle Zutaten zusammen zu einem Teig kneten.
2. Die Hände mit Wasser netzen und kleine Bällchen formen, die du in Bratbutter goldig backen kannst.
3. Im Ofenrohr bei ca. 40°C warm stellen, da bildet sich etwas Fond.

GARNITUR darüberstreuen

8	**Cherrytomaten** geviertelt
½	**gelbe Peperoni** in Würfel geschnitten

STAMPFKARTOFFELN

600 g	**Kartoffeln**
50 g	**Butterflocken**
2 dl	**heisse Milch**
	Salz

1. Kartoffeln schälen und in Würfel schneiden, abspülen.
2. In wenig Salzwasser kochen, dann abschütten und etwas verdampfen lassen.
3. Mit dem Stampfwerkzeug zu Mus zerdrücken und mit Butterflocken und heisser Milch vermischt abschmecken.
4. Zum Anrichten Seelein machen und die Fleischkügelchen mit der Sauce in die Mitte geben.

SAUCE

2 dl	**braune Sauce**
½ dl	**Halbrahm**

1. Zusammen aufkochen.
2. Die Bällchen mit dem Fond in die Sauce geben und abschmecken.

Aargau

Im Schein der Sterne, kurz bevor der Schlaf Sasi ins Land der Träume entführt, greift sie in ihren Rucksack und findet einen neuen Zettel: der Aargau.

Nach einer langen Reise sind unsere drei Freunde ausgehungert und beschliessen, einen Grillabend am Flussufer zu veranstalten. Sasi läuft in den Wald, um Holz zu suchen, Fredo zündet das Feuer an und Julie bereitet die Spiesse vor.

Sie setzen sich auf eine Decke, um ihre Leckereien zu geniessen. Müde von all den Eindrücken, schlafen sie ein und vergessen, einen neuen Zettel aus Sasis Rucksack zu fischen.

Hähnchenspiess auf frischem Gemüse

Aargau

4 SPIESSE

4	**Hühnerbrüste je in 3 Stücke schneiden**
1 El	**Salz**
1 Dreh mit der	**Pfeffermühle**
Eine Prise	**Paprika vermischen**
1	**kleine Zucchini**
1	**Fleischtomate**
1	**grüne Peperoni**

1. Die drei Gemüse in Würfel schneiden (2 cm).
2. Die vier Holzspiesse abwechslungsweise mit 1 Stück Brüstchen, dann Tomate, dann Zucchini und dann Peperoni bestecken, nochmals wiederholen und mit dem dritten Stück Fleisch abschliessen.
3. Die Spiesschen mit dem Salzgemisch würzen, mit dem Olivenöl leicht beträufeln und auf dem Feuer, Grill oder in der Bratpfanne gar braten und auf dem Gemüse servieren.

GEMÜSE

1	**kleine Zwiebel** hacken.
1	**Knoblauchzehe** halbieren.
1 Hand voll	**Kräuter** hacken, was du so findest, erst waschen, dann hacken.
je 80 g	**Rüebli, Stangensellerie, farbige Peperoni, Bohnen, Kefen, Erbsen, Zucchini, Aubergine und Fleischtomaten**
Etwas	**Salz und Pfeffer**

1. Rüebli, Stangensellerie, farbige Peperoni, Bohnen, Kefen, Erbsen und Zucchini, Aubergine und die Fleischtomaten getrennt in 1,5 cm grosse Würfel schneiden.
2. In Salzwasser Bohnen, Kefen, Erbsen, Rüebli und Stangensellerie knackig kochen, Wasser abschütten.
3. Die Zwiebeln in 1 El Olivenöl andünsten. Knoblauch, Aubergine und Zucchini, dann Peperoni, Tomaten mit Saft dazugeben. Sobald die Zucchini knackig gekocht sind, alle Gemüsesorten zusammen heiss werden lassen. Kräuter beigeben und abschmecken. Auf Teller anrichten und Spiess darauf legen.

St. Gallen

Am frühen Morgen ist Sasi ganz aufgeregt. Sie läuft mit der Tasche zu Julie und Fredo: «Schnell! Wohin fahren wir?.»

«Oh, St. Gallen!» Aber wie sollen sie dorthin kommen? Dieses Mal verzichten unsere Freunde auf den Zug. Nach den vielen ausgiebigen Mahlzeiten wird ihnen ein bisschen Bewegung nur gut tun, denn ihre Kleider werden langsam ein wenig eng! Sie beschliessen deshalb, mit dem Fahrrad nach St. Gallen zu fahren.

Uff, wie sie treten und treten und treten! «Ich habe nicht gedacht, dass es so weit ist», stöhnt Julie verzweifelt. «Ich habe Hunger!», ruft Fredo. «Und mir tun die Pfoten weh», jammert unser kleines Murmeltier. Erschöpft und mit wundem Popo vom langen Fahrradfahren knabbern sie Bernecker Griessbiscuits mit Butter, Rahm und Käse, die eine nette Bäuerin für sie zubereitet hat. «Ein richtiges Essen für echte Radfahrer!.»

Mit wohlgefülltem Magen murmelt Julie vor dem Einschlafen Sasi ins Ohr: «Vergiss deine Tasche nicht!»

Ribelmaisschnitten

für Sportler

St. Gallen

ZUTATEN

500 g	**Rheintaler Ribelmais**
3 dl	**Milch**
4 dl	**Wasser**
1 Tl	**Salz**
30 g	**Butter**
5 El	**Rahm**
30 g	**Bratbutter**
50 g	**Sbrinz**

ZUBEREITUNG

1. Milch, Wasser und Salz aufkochen. Ribelmais im Regen einrühren, unter stetem Rühren mit der Holzkelle

2. Auf kleinem Feuer ½ Std. kochen. Wenn nötig etwas Wasser nachgeben. Dann zugedeckt mindestens 1 Std. quellen lassen.

3. In einer anderen Pfanne Rahm und Butter aufkochen, Ribelmais zugeben und nochmals gut umrühren. So bleibt der Ribel schön feucht.

4. Backblech mit Backfolie bedecken. Ribelmais darauf giessen, ca. 1 ½ cm dick streichen.

5. Mit feuchtem Tuch decken und langsam auskühlen lassen.

6. Den festen Maiskuchen in Schnitten schneiden oder mit Förmchen ausstechen. In Bratbutter golden braten und Käse darüber streuen. Guten Appetit!

Tessin

Auf zur Sonne und zu den Seen – die Tasche entführt sie ins Tessin. Die überraschten Freunde staunen über diese wundervolle Landschaft mit Bergen, die in das blaugrün funkelnde Wasser der Seen eintauchen.

«Oh, schaut einmal», ruft Julie, «hier wachsen sogar Palmen!» Sofort streichelt ein Hauch vom Duft des Südens ihre Nasen. «Endlich Nudeln in allen Formen und allen Farben. Und diese Saucen! Grüne, rote... wunderbar! Pasta e sugo gefällig?» «Aber welche Sprache spricht man denn hier?», fragt Fredo, der immer noch alles wissen möchte.

«Italienisch!», antwortet Sasi. «Ciao a tutti und los! Wir fahren nach Lugano, nach Locarno und dann nach Melide, zu Swiss Miniatur. Bravo, bravissimo!»

Nudelteig

Tessin

ZUTATEN

500 g	**Weissmehl gesiebt**
3	**Eigelb**
2	**ganze Eier**
40 g	**geschmolzene Butter** oder
1 El	**Olivenöl**
1 Prise	**Salz**
½ Tl	**Essig**

ZUBEREITUNG

1. In der Mitte im Weissmehlhaufen eine Vertiefung machen wie ein Krater.
2. Die Zutaten hineingeben und von der Mitte her immer mehr Mehl in das Flüssige einarbeiten. Kneten, bis sich das Ganze von der Arbeitsfläche löst, und mit einem feuchten Tuch abgedeckt 3 Std. ruhen lassen.
3. Nudeln schneiden und 2–3 Min. in viel Salzwasser «al dente» kochen.

Eignet sich für: Papardelle, Lasagne, Cannelloni, Ravioli etc.

Genf

Sasi lässt Fredo im Rucksack nach einem weiteren Zettelchen fischen: Es geht ans andere Ende der Schweiz. Eine lange Reise im Zug durch das ganze Land. Plötzlich taucht vor ihnen ein riesiger, majestätischer See auf, und ganz am Ende...

«Was ist das?», fragt Fredo. «Eine Fontäne!», ruft Julie. «Uff, nun sind wir endlich in Genf angekommen», freut sich Sasi. Aber es bleibt keine Zeit zum Bummeln, sie müssen diesen schönen Tag nutzen. Schnell begeben sich die Freunde auf eine Bootstour. Vom Deck des Schiffes aus können sie fremde Ufer und unbekannte Orte erkunden. «Schaut mal!», sagt Julie, «wir sind schon in Morges! Lasst uns mal suchen, wo sich die berühmten Sablés von Morges verstecken! Bestimmt sind sie nicht weit weg vom Hafen.»

«Oh!», ruft Fredo, «ich sehe einen Segelclub. Da sind viele Kinder auf den Segelbooten.» «Hallo, wisst ihr, wo es hier Sablés gibt?» «In der kleinen Strohhütte des Clubs», antworten die Kinder im Chor. Gemütlich lassen die drei Freunde die Füsse im Wasser baumeln und geniessen diese leckeren Biskuits. Diese Köstlichkeit haben sie sich wohl verdient!

Reibteig Kekse

Genf

ZUTATEN

150 g	Weissmehl gesiebt
50 g	Zucker
100 g	Butter nicht kalt
1 Prise	Salz

ZUBEREITUNG

1. Alles in eine grosse Schüssel geben. Hände waschen und alles mit beiden Händen zerreiben.
2. Wenn der Teig zusammenhält einen Knollen bilden und 1 Std. mit einem feuchten Tuch gedeckt ruhen lassen.
3. Kleine Kugeln wie ein Tischtennisball formen, dann flachdrücken.
4. Den Ofen auf 170°C vorheizen. Die ca. $1/2$ cm dicken Plätzchen mit Abstand auf Backpapier legen.
5. Im Ofen 15 Min. backen und auf einem Gitter abkühlen lassen.
6. Die Plätzchen kannst du mit Zuckerglasur oder Schokoglasur leicht überziehen.
7. Mit Rosinen, Smarties, Erdnüssen, Mandeln oder buntem Streusel kannst du auch die Fantasie walten lassen.

Fricktal Baselland

Nach dem Abschied vom Genfersee setzen die drei Abenteurer ihre Reise fort ins Baselbiet. Was ist denn das für eine lustige Musik? Das ist eine «Guggenmusik», wir sind mitten in der Fasnacht! Da gibt es bunte Kostüme, grimmige Masken und alle Menschen tanzen in den Strassen!

Nun geht es auf ins Land der Kirschen. Im Frühling erinnern die blühenden Kirschbäume an Schneeflocken. Jetzt ist die ganze Region voll von kleinen Früchten: Brombeeren, Himbeeren, Walderdbeeren und Johannisbeeren. «Mmh, ein herrliches Frappé, das wäre ein Traum!», schwärmt Sasi.

Fredo sitzt hoch oben im Baum und pflückt rote, sonnengereifte Kirschen, während Sasi und Julie alle möglichen kleinen Früchte ernten und in hübsche Körbe legen. Wieder ein richtiger Leckerbissen, der erst noch den Durst löscht!

Waldbeerenfrappé Baselland

ZUTATEN

300 g	**Waldbeeren** (entsteinte Kirschen, Erdbeeren, Himbeeren, Brombeeren), können auch gefroren sein
4 dl	**Drink-Milch** kalt
1 El	**Honig**
4 Kugeln	**Vanille-Eis**

ZUBEREITUNG

1. Kalte Beeren unter fliessendem Wasser abspülen.
2. Einige Beeren sparen als Garnitur. Milch und Honig mit den Früchten im Mixer sämig pürieren.
3. In ein Frappéglas je eine Kugel Vanille-Eis geben, mit dem Schaum übergiessen, mit Beeren garnieren und mit dickem Strohhalm servieren.

Thurgau

Noch einmal in Sasis Rucksack gegriffen... Welche Überraschung erwartet die drei Freunde nun noch? Rate mal! Sie machen sich auf in den Kanton Thurgau, ins Land der Obstbäume. «Schaut mal!», sagt Julie, «nur Bäume, soweit das Auge reicht!» «Oh, sind das wunderschöne Apfelbäume. Solche schönen Äpfel – grüne, gelbe und rote!»

Welche neue Speise werden unsere drei Freunde hier wohl finden? Zuoberst auf einem Hügel liegt ein hübscher Bauernhof. Ein süsser, herrlicher Duft strömt aus der Küche.
«Welch wunderbarer Duft», schwärmt Fredo, «Könnt ihr das riechen?» Auf dem Fensterbrett steht ein goldener Apfelkuchen zum Auskühlen. Die drei Freunde laufen hin und schnappen sich jeder ein Stück des noch warmen und weichen Kuchens.

Mit süss-klebrigen Schnurrhaaren geniesst Sasi ihren Kuchen. Dabei denkt sie an ihre Freunde, die da oben in den Bergen an ihren Wurzeln kauen. Diese Reise war doch eine gute Idee. Auf keinen Fall möchte sie mit ihnen tauschen!

Öpfelwähe

Thurgau

ZUTATEN

1 Kuchenblech 28 cm gebuttert	
500 g	**Blätterteig**
3	**mittlere Äpfel geschält** in Schnitze geschnitten
2 El	**gemahlene Haselnüsse**
2 El	**Zucker**
2	**Hühnereier**
1 dl	**Kaffeerahm**
1 Prise	**Salz**
1 Msp.	**Zimtpulver**
4	haselnussgrosse **Butterflocken**

ZUBEREITUNG

1. Blätterteig in gebuttertes Kuchenblech passen.
2. Am Boden mit der Gabel viele Löcher stechen.
3. Gemahlene Haselnüsse gleichmässig verteilen.
4. Mit den Apfelschnitzen in Spiralenform voll belegen.
5. Zucker mit Eiern, Halbrahm, Salz und Zimt gut vermischen.
6. Diese flüssige Mischung schön über den ganzen Kuchen verteilen.
7. Die Butterflocken halbieren und verteilen. Alles zusammen auf einmal:
8. Im vorgewärmten Ofen auf der zweiten Rille bei 180°C 25 Min. backen.
9. Dann noch 5 Min. nur mit Unterhitze im Ofen lassen, damit der Boden fest wird. Aus dem Ofen nehmen und auf einem Rost abkühlen lassen.

Waadtland

Oh! Im Rucksack sind nur noch zwei Zettel! Wo werden sie wohl landen? Im Kanton Waadt? Wo liegt denn das? Am Ufer des Genfersees? Weiter im Landesinneren liegen zwischen Feldern und Wäldern tausend kleine Bauerndörfer, wo es sich angenehm leben lässt. Unsere drei Globetrotter lassen die Hektik von Lausanne hinter sich und setzen sich in einen kleinen Zug. Hopplahopp kommen sie nach kurzer Reise im Gros de Vaud in der Stadt Echallens an. Hier erwartet sie im Brotmuseum schon ein neues Abenteuer.

Aus dem Weizen der goldenen und sonnenverwöhnten Felder und dem frischen Wasser der Flüsse wird hier duftendes, knuspriges Brot hergestellt. Fredo und Sasi bringen die Zutaten. Julie knetet mit Schweiss auf der Stirn den Teig, bis er immer elastischer und luftiger wird. Dazu braucht man ganz schön viel Kraft in Armen und Händen. Aber es braucht auch viel Geduld, damit der Teig ganz langsam durch die Hefe aufgehen kann.

Sasi steht hungrig am Backofen und verfolgt ungeduldig den Laib Brot, der langsam im Holzfeuer bäckt. Dem armen Murmeltier knurrt der Magen, und ihm läuft das Wasser im Mund zusammen beim Gedanken an einen grossen Biss in den warmen Brotlaib!

Brotteig

Waadtland

BASISTEIG

680 g	Weissmehl gesiebt
1 Tl	Salz
1 Tl	Feinkristallzucker
10 g	Butter
7 g	Trockenhefe
4 dl	lauwarmes Wasser
1	aufgeschlagenes, mit wenig Rahm verrührtes Eigelb zum Bestreichen

1. Auf dem Arbeitstisch in das gesiebte Mehl gemischt mit Salz einen Krater machen. In die Mitte Zucker und die weiche Butter geben.
2. Die Hefe mit dem warmen Wasser auflösen, darübergeben und von der Mitte heraus immer mehr Mehl unter die Masse kneten.
3. Wenn der Teig schön glatt ist, in eine Schüssel geben und an einem warmen Ort mit feuchtem Tuch abgedeckt ruhen lassen, bis sich die Menge verdoppelt hat.
4. Nochmals gut durchkneten und ruhen lassen wie vorhin. Dann ist der Teig bereit zum Formen oder zur Pizzaproduktion.

BROT

1. Den Teig als Brötchen, Brotlaib oder Baguette formen.
2. Mit nassem Messer (damit es nicht klebt) einritzen, auf Backpapier im Kuchenblech vorbereiten und 20 Min. ruhen lassen. Mit dem Ei-Rahm-Gemisch bestreichen.
3. Im vorgeheizten Ofen bei 180°C braun backen.
4. Kleine Brötchen brauchen nur ca. 20 Min. und ein Brotlaib ca. 1 Std. zum Backen.

Luzern

Nun kommt der letzte Griff in den Rucksack und die letzte Reise für die drei Abenteurer. «Schade! Nun bleibt nur noch die prächtige Stadt Luzern.» «Mmh, es riecht so gut!» «Was ist denn das für ein komischer Kuchen?», fragt Julie vor dem Fenster einer Bäckerei. «Das ist ein Gugelhupf», antwortet Sasi. In Luzern auf der überdachten Holzbrücke wird Sasi unruhig. Sie spürt, dass der Herbst schon mit grossen Schritten naht.

«Ich muss unbedingt nach Hause zurück», denkt sie. «Bevor es schneit und ich den Weg nicht mehr finde!» Julie und Fredo, die Schlaumeier, haben für Sasi die Rückreise im Hubschrauber organisiert. So ein Glückspilz! Direkt unter dem Himmels- und Sternenzelt erlebt sie die ganze wunderbare Reise noch einmal von oben. Sasi ist glücklich und lässt in der Erinnerung all die Entdeckungen und zauberhaften Speisen nochmals vorbeiziehen, die sie mit ihren tollen Freunden geniessen konnte. Trotzdem freut sie sich, dass sie ihre Familie wieder sehen wird und sich auf den langen Winter hoch oben in den Bergen vorbereiten kann.

Auf Wiedersehen alte Holzbrücke, Seen, Flüsse, Fontänen, Obst- und Gemüsebäume! Danke Julie, danke Fredo für dieses schöne Abenteuer! Bis zum nächsten Jahr!

Gugelhopf mit Rosinen — Luzern

ZUTATEN

Gugelhopfform von 20 cm Durchmesser, 10 cm hoch.

200 g	**Butter**
200 g	**Feinkristallzucker**
½ Beutel	**Vanillezucker**
4	**Eier**
1 Prise	**Salz**
1 dl	**Milch**
300 g	**Halbweissmehl gesiebt**
3 Tl	**Backpulver**
150 g	**Rosinen**
Etwas	**Puderzucker zur Dekoration**

ZUBEREITUNG

1. Weiche Butter zum Einstreichen der Wellen in der Form, damit dein Gugelhopf nicht kleben bleibt.
2. Etwas gemahlene Mandeln mit Weissmehl vermischen und damit die Form von innen ohne Lücke bestreuen (Form auf alle Seiten drehen und klopfen), damit das Mehlgemisch gut haftet. Wo es nicht hält, neu mit Butter zum Haften bringen. Damit die Rosinen nicht zusammenkleben, mit einer Prise Mehl trennen, auf die Seite stellen.
3. Den Ofen auf 180°C vorheizen und den Rost auf die zweitunterste Rille schieben.
4. In einer grossen Teigschüssel die Butter schaumig rühren, nach und nach Zucker, Vanille, Salz und die Eier dazu schlagen, bis eine helle Masse entsteht. Unter starkem Schlagen die Milch zugeben. Mehl, Backpulver und Rosinen mischen und mit einer Spachtel, in der gleichen Schüssel, leicht darunter heben (nicht wild schlagen)!
5. In die gebutterte Form füllen und auf den Rost stellen, bei 180°C ca. 50 Minuten backen. Zur Kontrolle mit einer Stricknadel oder einem Holzspiess in den Gugelhopf stechen. Hängt noch weicher Teig daran, ist der Gugelhopf noch nicht fertig gebacken und braucht noch 10 Min. im Ofen.
6. Der Kuchen ist fertig, etwas abkühlen lassen. Den Kuchen auf einen Rost stürzen, indem du den Rost auf den Kuchen legst und auf einmal umdrehst. War die Form gut gebuttert und bestäubt, so ist es eine Kleinigkeit, den Gugelhopf zu lösen. Nachdem der Gugelhopf abgekühlt ist, mit Puderzucker durch das Teesieb beschneien.

IMPRESSUM: © 2009 Irma Dütsch, CH-3906 Saas Fee, Weber AG, CH-3645 Thun **Auflage**: 3000 Exemplare, August 2009 **Druck:** Ilg AG, CH-3752 Wimmis **Verlag, Konzeption, Gestaltung, Realisation**: Weber AG, CH-3645 Thun **Illustrationen:** Marjolein Bos, CH-3906 Saas Fee **ISBN:** 978-3-909532-61-2

*Für meinen Enkel Dario
und für alle kleinen Köche.*

Meine kleine Geschichte von Sasi, der kleinen Köchin, habe ich für dich geschrieben, der, wie dein Grosi, schon im Alter von vier Jahren den Herd und das Kochen entdeckt hat. Du hast die Düfte auf dem Markt geliebt. Du hast furchtbar gern zugeschaut, wenn die grössten Fische in den Ofen geschoben wurden, doch nie ohne eine feine Füllung aus Gemüse, anderen Zutaten und Kräutern nach deinem Geschmack. Die herrlichsten und besten Kuchen mussten wir für dein Lieblings-Maskottchen «Sasi» backen, das mindestens fünf Mal im Jahr Geburtstag hatte... Teilen heisst, gutes Essen zu lieben und mit Freunden zu geniessen. Jetzt, wo du schon lesen kannst, gehe einkaufen, lies meine Rezepte und probiere sie aus. Ich freue mich, wenn ich deine Ideen zusammen mit Opa probieren kann.

In Liebe, dein Grosi Irma